Irmtraud Stefanie Kühnel

Der Gesang des Regenbogens

Reise nach Innen – Weg des Herzens

AF198502

Liebe Leserin,
Lieber Leser,

Immer wieder hörte ich in meinem Innern Worte, die unmittelbar, wie aus dem Nichts auftauchten und einfach da waren.

So geschah es beinahe zufällig in der Woche, als 2001 in New York die Zwillingstürme in sich zusammenbrachen, als die Stimme sehr deutlich wurde, so dass ich damit begann die Worte niederzuschreiben. Ich hörte den Text: „Ich bin der / die Ich bin", der da Gestalt und Form annahm.

Ich wusste noch nicht, dass das der Beginn eines Weges sein sollte, wo der Zugang zur Quelle sich geöffnet hatte und mich in Zukunft immer wieder begleiten sollte.

Die Texte sind in meinem Herzen entstanden und für Menschen gedacht, die ebenso wie ich auf der Suche nach dem Letztgültigen sind, um unmittelbar am Geheimnis des Lebens teilzuhaben.

Ich wünsche allen Leserinnen und Lesern, dass sie durch die Texte von der lebensspendenden Quelle, die dahinter im Nicht-Greifbaren liegt, selbst berührt werden mögen und das erfahren, was ihrem eigenen Leben zutiefst Freude und Erfüllung gibt.

In herzlicher Verbundenheit
Irmtraud Kühnel

Irmtraud Stefanie Kühnel

Der Gesang
des Regenbogens

Reise nach Innen – Weg des Herzens

tredition.de

© 2019 Irmtraud Stefanie Kühnel
Gestaltung & Layout:
Mag. (FH) Vera Fechtig, www.owlet.at
Fotos:
Irmtraud Stefanie Kühnel, Helene Wandl (Porträt)

Verlag & Druck:
tredition GmbH, Halenreie 40-44, 22359 Hamburg

ISBN
Paperback   978-3-7497-4332-2
Hardcover   978-3-7497-4333-9

Gewidmet allen Pilgern
auf dem Weg
zum einen
Herzen

der
alles umfassenden
Liebe Gottes.

Inhaltsverzeichnis

Ein unvergessliches Erlebnis

Der Reiseleiter versprach uns eine Traumreise im Land der Pharaonen. Wir könnten alles ihm überlassen, er werde sein Bestes geben. Keiner jedoch wusste genau an welcher Stelle ihn der Traum abholen wird und wie er beschaffen sein wird. So sahen wir gespannt den Ereignissen der kommenden Tage entgegen.

Als wir am ersten Tag, beinahe noch im Morgengrauen, im Schatten der Pyramiden von Gizeh standen, begann die Zeit sich langsam zu dehnen. Auch die bisher feststehende und stabile eigene Körpergröße, schien neben den drei Riesen von Gizeh ordentlich zu wanken und in Bewegung zu geraten. Allmählich kam es mir vor, als ob ich bei diesen Dimensionen, die sich da vor mir ausbreiteten, auf die Größe eines Sandkorns zusammenschrumpfte, so gewaltig waren die Eindrücke, die da auf mich niedergingen.

Am Nachmittag besuchten wir das Museum von Kairo. Spätestens da, als wir die Tore ins Museum durchschritten, kam uns die bis dahin allgemein geltende reguläre Zeit völlig abhanden. Unser ägyptischer Führer Mohamed, der Ägyptologie und Germanistik studiert hatte, verstand es hervorragend, uns in die Zeit des alten Ägyptens mitzunehmen und die Lebens- und Denkweise mitsamt der Götterwelt der Pharaonen näherzubringen.

Nach dem offiziellen Teil hatte jeder für sich eine Stunde Zeit, die vielen Kunstschätze in den Hallen nochmals genauer in Betracht zu nehmen und da und dort länger zu verweilen.

Als ich in einen kleinen Nebenraum kam, begegnete ich einem jungen Mann, ungefähr Mitte 20, der vor mir regungslos dasaß. Seine Augen schienen ins Unendliche blickend und doch hatte er gleichzeitig einen intensiven festen Blick auf mich gerichtet. Mit Papyrus und Federkiel saß er da, um vom Gegenüber jede äußere und auch innere Regung für die Ewigkeit festzuhalten. Ein geheimnisvolles Lächeln umsäumte seine Lippen, das einen eigenen Zauber auf sich hatte und verborgenes Wissen erahnen ließ.

Obwohl all die Jahre, die er nun schon so dasaß, ihn zu Stein werden ließen, hatte er doch etwas spürbar Lebendiges an sich. Seinen Augen entging nichts. Wenn sich nach einer Weile sein Blick mit dem deinen vermischte und sie schließlich ganz ineinander glitten, ging unmerklich ein Zeitfenster auf.

Er öffnete bereitwillig alle Tore und ließ dich an all dem teilhaben, was er je gesehen hatte. Das bisher eingegrenzte Erleben von Zeit und Raum wurde gänzlich aus den Angeln gehoben. Nach Belieben konnte man vor- und zurückgleiten und ebenso die Standorte und somit die Perspektiven wechseln.

Habe ich das kurzfristig nur geträumt, oder war es eine Überlappung zweier Wirklichkeiten, von der Realität dieser Welt mit den Gegebenheiten ferner unsichtbarer Welten, die sich da kurzgeschlossen hatten? Ich war mir ganz sicher, dass es keine Sinnestäuschung war, denn es geschah unerwartet, aus heiterem Himmel.

Noch ganz in Gedanken versunken, suchte ich nach der zur Verfügung gestellten Stunde meine Reisegruppe bei den Eingangstoren des Museums. Niemand von ihnen war da! Wo waren sie alle? Ich kam mir kurze Zeit sehr verloren vor. Dieser plötzliche Schrecken brachte mich augenblicklich in die Realität zurück.

Glücklicherweise war Mohamed so groß, dass er mich bald in der Menge der vielen Museumsbesucher entdeckte und zu unserer Gruppe zurückbringen konnte. Der Eindruck von dem gerade erlebten Kontakt mit dem Schreiber blieb jedoch in mir hängen. Bin ich tatsächlich dem ursprünglichen Schreiber begegnet?

Er verstand es, seine Erlebnisse direkt in mein Herz hineinzuschreiben. Er ist ist ein Wanderer durch Zeit und Raum. Immer nimmt er dich mit auf eine Reise und öffnet dir unaufgefordert die Tore. Sein Handwerk ist ein Geschenk an jeden von uns.

Als ich Mohamed als Dank ein kurzes Gedicht auf einen Zettel schrieb, schaute er mich ungläubig an und fragte, wie ich zu dem Text komme, wo ich ihn herhabe.

Ich wusste keine Antwort, da ich ihn ja ganz aus mir selber herausgeschrieben hatte. Was war an den paar Zeilen, die ich da geschrieben hatte gar sonderbar?

Nach einer kurzen Stille sagte er dann, dass ihn der Text „Ich bin der / die Ich bin" sehr berührt hat, da er einem ganz alten Isis Text sehr nahe komme, sowohl im Inhalt wie in der Ausdrucksweise.

Das stimmte nun mich sehr nachdenklich. Wie ist so etwas möglich?

Da stieg in mir die Erinnerung an den Schreiber im Museum wieder hoch. Ist er gar der Urahn aller Schreiber, Schriftsteller, Autoren bzw. zeitweise auch ihr Souffleur?

Die folgenden Texte, die ich hier im Buch – Der Gesang des Regenbogens – öffentlich mache, kommen aus der Verbindung mit dem Schreiber / der Schreiberin in mir.

Irmtraud Kühnel

Der Gesang des Regenbogens

In mir klingt und singt
ewige Seligkeit.

Manchmal
fließt daraus ein Ton hervor
und verrinnt in der Zeit.

Schöpfungsrhythmus

Ich saß am Bach
und lauschte
auf das Murmeln und Plätschern
des Wassers.

Die nahen Äste und Zweige
der Büsche
bewegten sich leise
und wurden
von der Melodie des Baches
erfasst.

Ein Schmetterling
wiegte sich im Tanze dazu.

Alles schien
einem gemeinsamen
unsichtbaren Rhythmus
zu folgen
der auch mich
mit
hineinnahm
und befriedete.

Begegnung

Wenn du auf mich zukommst
in deiner wohl erworbenen scheuen Art
umarmend bei der Begrüßung
und gleich wieder einen Schritt zurück
hinter diese
gerade dir selbst gewährte Nähe
so sind es deine Augen
aus denen sich lustvoll
ein eroberungswilliger Blick
gleich dem eines Vogels
dem Gegenüber nähert
und um Einlass
an dessen Herzenstüre klopft
um auf dieser Ebene
sich schenkend gebend.

Dieser aufblitzende Funke ist es
in deinen Augen
in deinem Blick
der mich unendlich reizt
und in mir das Lächeln zündet
das die Tür öffnet
und das Leben
in die Begegnung fließen lässt
so sich gegenseitig
neuschöpfend im Augenblick.

Unendlichkeit

Die Flügel
durchscheinend
der Körper
in
ein schillerndes Farbenkleid
gewandet
so schwebst du
kaum wahrnehmbar
über ruhige Gewässer.

Libelle
wenn deine Flügel
ins Schwirren
übergehen
sprichst du
eine Sprache
die
von einer anderen
Welt
erzählt
der du ebenfalls
anzugehören
scheinst
nicht sichtbar
für das menschliche Auge.

Einst
als ich
in einem Flieger
hoch über den Wolken
saß
bin auch ich
unvermittelt eingetaucht
in eine andere Welt.

Für
einen langen
Augenblick
stand die Zeit
still
und war geöffnet
für die Unendlichkeit.

In mir
ein Gefühl
von
Freiheit und Seligkeit

Sprache
der Unendlichkeit.

Vision

„Ich aber gebe dir lebendiges Wasser,
das den Durst stillt,
das sich in deinem Innern
in eine sprudelnde Quelle verwandelt,
die ewiges Leben schenkt."[1]

Unmittelbares Leben
aus der Quelle
der Weisheit des Herzens.

Da die Lebenskraft
nichts
außer sich Selbst gebärt
ist sie auch in mir und ich in ihr.
Ich bin ihr Ebenbild
ihr Spiegelbild
ihr Gesicht
in der Materialität.

Im Innern jedes Menschen
verborgen
liegt der Schlüssel zum Geheimnis.

Seele
sprudelnde Quelle
ewiger Freude.

Wirklichkeit

Am Balkon sitzend
verliert
sich mein Blick
mehr und mehr
in den
weißen Blüten des Baumes
vor mir.
Im Hintergrund
die
noch Schnee bedeckten Berggipfel.

Gleich übernimmt die Nacht das Zepter.

Fast zum Greifen nahe
liegt das Geheimnisvolle
in der Atmosphäre.

Vergessend
alles rund um mich
breitet sich Frieden aus
in mir.

Wegweiser

„I c h bin der Weg
der zur Wahrheit und zum Leben führt.
Einen anderen Weg zum Vater gibt es nicht.
Wenn ihr mich erkannt habt,
werdet ihr auch meinen Vater kennen.
Jetzt kennt ihr ihn und habt ihn gesehen." [2]

Das I c h ist der Weg
der zur wahren Natur des Seins
was ewiges Leben bedeutet
führt.

Einen anderen Weg in die Einheit
als über die Selbst-Erkenntnis
gibt es nicht.

Wer seine wahre Natur erkannt hat
kennt auch das All-Umfassende.

Alles ist Ausdruck dieses
E i n e n.

[2] *Die Bibel, Johannes 14, 6-7*

Reise nach Innen

In Stille
kehr ich ein bei Dir
o Gott
und schweige.

Im Sein bist Du
da komm ich zur Ruh.
Deine Gegenwart ist's
die heilt
während meine Seele
in Dir weilt.

Jedes Wort wäre zu viel
das ich spräche
das
das Schauen
nur unterbräche.

So lehrst Du mich
das Schweigen
als das höchste Gebet
zu lobpreisen
Dich
den Heiligen.

Präsenz

Ich bin der / die Ich bin
die alles
durchströmende Kraft.
Das Leben selbst.

Ich war schon
bevor es einen Anfang gab
und werde sein
auch wenn es ein Ende gibt
denn Anfang und Ende
gibt es nur
in der Raum-Zeit-Dimension.

Ich bin dimensionslos in allem.
Das Leben selbst.
Außer mir gibt es nichts.

Ich bin
der / die Lebendige
in dir
Ich bin in dir – so auch du in mir
denn außer mir
gibt es nichts.

Ich bin der / die Ich bin.

Klang

Ein Klang verlieh meiner Seele Flügel
und entführte mich in andere Sphären.

Dort lauschte ich dem Schöpfungsgesang.
Nicht vermag ich zu fassen dies
mit meinem Verstand
und dennoch durchströmt auch mich
dieser Klang.

In jedem Wesen liegt verborgen
ein Klang
der verbindet mit der Heimat
durch der Welten Gang.

Zwietracht
ist nicht möglich im Gesang
vereint sich doch alles im Klang.

Mensch vergiss nicht zu singen
dein eigen Gesang.
Schöpfung und Vollendung
vollzieht sich im Klang.

Licht

„Wer geteilt ist,
ist voller Finsternis,
wer aber leer ist,
wird vom Licht durchflutet
und voller Licht sein." [3]

Einem inneren Impuls folgend
machte ich mich auf den Weg
an einen Ort
wo von einem Kruzifix
besondere Gnade ausströmen soll
um dies mit eigenen Augen zu sehen
und zu begreifen das Mysterium.

Die Reiseumstände wollten jedoch
es nicht ermöglichen dort anzukommen.

Nicht ohne Wehmut kehrte ich um
so kurz vor der Reise Ziel.
In Gedanken still wiederholend
dass ich mich nicht hängen soll
an Ort, Situation, Person oder Ereignis
um zu finden wonach ich suchte.

Schon auf dem Heimweg
als ich ohne Erwartung
an einem anderen Ort

[3] *Thomas Evangelium, Kapitel 61*

der Stille und des Gebets eintrat
nahmst du mir
den Schleier von den Augen.

Ein Kruzifix und ein Bild der Gottesmutter
waren rechts und links vor dem Altarraum
und wiesen auf den leeren Raum dahinter.

In diesem heiligen Raum
brannten nur der Kerzen viele.

Licht
das die Dunkelheit erhellte.

So sprengtest du mir die Fessel
mich zu heften an ein Bild
noch an eine Formgestalt
und führtest mich tiefer ein
in das Unbegreifliche
das Mysterium Gottes
in der Materie.

L i c h t des L e b e n s
unfassbar bist du
in dir, in mir, in jedem von uns
während die Form vergeht
bleibst du ewiglich.

Reichtum

Jeden Frühling suche ich dich
an Berghängen finde ich dich.

Blauer Kelch du hast es mir angetan
was ist an dir, was zieht mich an.
Ist es die Farbe, ist es die Form
so sag es mir, oh Enzian.

Heute, als sich mein Blick wieder in dir verlor
ging ich durch den kleinen Tunnel und das Tor.
Auf einmal stand ich in der Anderswelt.

Eine tiefere Dimension nun offen stand
mich mit der Vibration des Lebens verband.

Am Pulsschlag des Lebens
unmittelbar teilzuhaben
ließ mich den wahren Reichtum
des Lebens erahnen.
Selbst Gold wirkt matt daneben.

Er ist es
der Ich bin – der Ich bin
der anzieht
und letztlich zu sich heimzieht
wo und wann immer
in die Fülle des Lebens.

Stein der Weisen

Das große Bewusstsein
ist
in einem permanenten
Evolutionsprozess.

Die Lebenskraft
gebärt sich
aus sich Selbst
heraus
sammelt Erfahrungen
in Zeit und Raum
und lässt sie wieder
in essenzierter Form
ins Gesamtbewusstsein
zurückfließen
um wieder
in neuer Weise
aus sich hervorzuquellen.

Die einzige Konstante
ist die Evolution.

Die gesamte Evolution
ist als
unaufhörliches
Ein- und Ausatmen Gottes
zu betrachten.

Währenddessen

Der blutrote Mond
gestern Nacht
rief in mir
eine unbekannte Stimmung
wach.

Ich saß
auf der Zuschauerbank
währenddessen
sich vor meinen Augen
ein universelles Geschehen
ereignete
auf das ich
keinen Einfluss hatte
mich jedoch komplett
in die Verwandlung mit
einschloss.

Der blutrote Mond verschwand zusehends
Es wurde für eine Weile schwärzeste Nacht.

Es war wohl ein Einstimmen
auf einen großen
Transformationsprozess
der in Zukunft sich vollziehen will
dem keiner
sich entziehen kann.

Inneres Feuer

Verborgen
in des Menschen Herzen
brennt
ein Feuer
das uns zu lebendigen Wesen macht.

Es wärmt und erhellt
die Tage und die Nächte des Lebens.

Heiliges göttliches Feuer
erstrahle
hier
in mir
in diesem Raum
an diesem Ort
in diesem Land
auf dieser Erde
in diesem Universum
dass die Menschen Dich erkennen
und heimfinden zu Dir.

Es ist dieses Lebensfeuer
das uns
das lebendige Leben
spüren und
ein Stück Himmel auf Erden
schmecken lässt.

Weite

Was ist es
was dich hochsteigen lässt wie ein Adler.
In Kreisen schwebend
weit blickend
sprengst du Einengendes.
Der Himmel ist
dir nahe.
Du trägst ihn
in deinem Herzen.

Unbegrenzt
ist unser göttliches Wesen
nicht gebunden an Ort und Zeit.

Die Erfahrung dieser Weite
ruft große Unsicherheit hervor
denn schwer ist es
diese Weite zu ertragen.
Orientierung gibt es keine.
Die vertrauten Gesetzmäßigkeiten
und Halterungen fallen weg.
Es bleibt dir nur die Hingabe
an das Höhere - den Einen
und
Vertrauen
dass du von Ihm
umfangen und getragen wirst.

Freiheit und Macht

Noch glaubst du
du könntest mich bezwingen
obwohl ich bereits durch mein Ringen
deinen Fängen entglitten
und mit meinen Schwingen
der Freiheit entgegenschwebe.

Nichts hält mich mehr zurück.
Genug ist der Erniedrigung.

Mit dem bitteren letzten Tropfen
deiner Macht
zerbrach der Kitt der Gefangenschaft.

Der Krug ward gefüllt bis zum Rande
und unter Stöhnen und im Krach
entfesselten die Bande
m i c h   s e l b s t
und gebar
mein wahres Wesen
das mir die Kraft verlieh
mich zu erheben.

Aufwärts ist mein Blick gerichtet
dem freien Raum entgegen
und dem Licht
gefühlte
Freiheit

Grenzen sprengend
erahnte
Dimension der Unendlichkeit.

Knechtschaft
liegt nun fern mit den Winden
sie vermag mich nicht mehr zu binden.
Noch ein letztes Mal
zieh ich einen Kreis über dir
und sage lebe wohl.
Wisse
Geist lässt sich niemals binden.

Der Genuss der Macht ist ein irdisch Ding
in dem sich noch jeder verfing.
Hast du genug davon gekostet
siehst du, wie sie rostet.

Und in der Erinnerung
erwacht ein Flügelschlag.
Dann wirst auch du deinen Blick erheben
wie schon andere es vor dir getan.

Freiheit
ist ein weit kostbareres Gut als Macht
drum nimm dich vor dir selbst in acht
und sieh
was sie aus dir macht.

Engel im Regenbogengewand

Heftig ist der Kampf
zwischen
den Wolken.
Grelles Licht durchzuckt
das dunkle Gewölbe
gefolgt
von dröhnendem Grollen.

Plötzlich
die Spannung reißt
die Schwärze
auf die Erde herniedersteigt.
Eine dunkle Regenwand
vor dir steht.

Und wie von Zauberhand
erscheint
mitten in der dunklen Wand
ein farbiger Lichterbogen.

Dein Auge schaut
und ahnt das Geheimnisvolle.
Der Regenbogen
von Engeln gewoben
will dir sagen
dass die Sonne immer da war.

Wenn der Mensch
dem Wetter
gleich
in seiner Befindlichkeit
seinem Denken und Fühlen
ebenso
vor einer dunklen Wand steht
so sind es Engel
im Regenbogengewand
die Botschaft
vom Licht bringen.

Gleichsam
zart gewoben
wie der Regenbogen
ist des
Menschen
Seele.

Auch da gehen Engel
täglich
ein und aus
um zu verbinden
die beiden Pole
in des Menschen Herzen
Geist und Materie.

Vergebung

Vergeben
vergeblich vergeben
aber doch nicht
wenn einer nur gewährt
Liebe.

Freude

Lachen
lange nicht
von Herzen gekommen
verhalten in der Brust
Freiheit.

Zweikampf

Im Zeitraffer bäumte
sich mein Ego auf
und überschüttete mich
mit Angst, Verlassenheit
Zweifel und Verzagtheit
und brachte mich in tiefe Not.

Das Ego wollte verhindern
die Entscheidung für
den Weg
ins Herz hinein
beschwor
dies doch seinen sicheren Tod.

Beinahe schon verließen mich die Kräfte
als Gnade mich ereilte und
Du
mir selbst entgegenkamst.
So konnte ich von mir lassen
und von Dir
mich ganz erfassen.

Mit der Entscheidung
schwand auch die Macht des Egos.
So war der Kampf vorbei.
Nun war nur noch Einer
nicht mehr zwei.

Weisheit

Das Leben bietet dir
immer wieder Situationen an
damit du auf deinem persönlichen
inneren Entwicklungsweg
in die Einheit allen Lebens
voranschreiten kannst.

Primär geht es nicht darum
was du erlebst
oder was dir gerade widerfährt
sondern was du daraus lernen kannst.
Weisheit hat nichts zu tun
mit Wissen anhäufen.

Da niemand des Anderen Weg kennt
ist es ein sehr persönlicher Weg.
Jeder muss ihn selber gehen.

Weisheit
bedeutet nichts Anderes als
die gewonnene Erkenntnis
aus der verarbeiteten Erfahrung.
Die eigenen Lebenserfahrungen
sind die Schatzkiste dazu.
Öffne sie
und entdecke den Reichtum
in deinem Innern.

Innere Stimme

Das Leben selbst
ist ein Geheimnis
und folgt einem höheren Plan.
Es ergründen zu wollen
wäre vermessen
und wird kein Mensch
im Stande sein.

Jedoch
wer gibt mir Weisung
wer gibt mir Führung
mein Leben zu leben
nach diesem höheren Plan.

Ist nicht Gott es selbst
der einzig allein
dies vermag.
So will ich denn
auch keinem andern
mich überlassen.

Vertrauensvoll
übergebe ich mich
diesem Weg.
In der Gewissheit
dass ich es hören werde

wenn Er
in meinem Herzen spricht.

Laut ist jedoch oft
des Alltags Lärm.

So gilt es still zu werden
um zu hören
und zu unterscheiden
von den anderen

diese
eine reine
leise
Stimme der Liebe.

Durch die Botschaft der Liebe
die Er
in meinem Herzen spricht

erhalt ich Weisung
erhalt ich Führung

für den
nächsten Schritt
auf meinem Pfad.

Stille

Als ich
in den Wald ging
um die Sille zu hören
und sie
mir im Lauschen
dann entgegentrat
spürte ich
Heiligkeit.

Sie ergriff mich ganz.

In diesem Moment
gab es
keine Trennung mehr
zwischen
ihr und mir.

Und meine Seele
stimmte ein
in den großen Gesang
der Schöpfung

O M

Sehnsucht

Manchmal
ohne
es zu wollen

komme ich
an den
See der Traurigkeit
in mir
obwohl draußen
schönstes Wetter
herrscht.

Wie wünschte ich
dann
du wärest da
und nähmest
mich an der Hand

und führtest
mich fort
von dort
in
ein neues Land.

Chorus der Elemente

In einer Schöpfungsode
wurde alles durch die
5 Elemente in die Realität gebracht.
Als Grundbausteine sind sie da
um die ganze Schöpfung im Ausgleich
zu erhalten.

In jeder Sprache
jedem Namen
sind ihre Repräsentanten verborgen
um die Alchemie des Lebens
vom Niederen ins Höhere
zu vollziehen.
Du selbst bist der Alchemist.

Durch das regelmäßige Tönen
der Melodie
mit jedem einzelnen Selbstlaut,
kann bei sich
und in der eigenen Umgebung,
wieder Harmonie erschaffen werden.

Melodie

Evolutionszyklus

Ich vernahm einen Klang
der mich entrückte.

Ich sah ein großes Licht
gleich einer Sonne
auf einen dunklen Berg
herabsteigen
und ihn vollkommen durchfluten.
Dann sah ich Kreise herabkommen
wie Kränze mit Verzierungen
die sich zu einem großen
zusammenfügten.
Nun sah ich eine Lichtgestalt
gleich dem Menschensohn
in dreifaltiger Weise herabsteigen.

Dann wurde es dunkel.
Ich ging durch einen Schleier hindurch.

Dort sah ich eine Pyramide stehen
die mit immer mehr Licht
erfüllt wurde
bis sie sich schließlich im Licht auflöste.

Nun sah ich viele Bergkristallspitzen
in einer langen Reihe stehend.
Hernach sah ich große Gestalten

in weißen Gewändern
die durch den Raum schritten
wie in einer Prozession.
Es war nicht zu ermessen
wie viele es waren.

Der Raum in dem ich saß
war unendlich.

Nun saß ich vis-à-vis einer Lichtgestalt
die von einem riesigen Lichtkranz
umgeben war
der links und rechts
je einen Lichtkreis hatte
wie Flügel.

Als ich wieder
in dieser Realität ankam
wusste ich
es gibt keinen Tod.
Der Tod ist eine Illusion
da das Leben selbst
auf das ewige Sein ausgespannt ist.

Der Verstand schwindet dahin
ob der Größe des Seins.
Nur zu staunen bleibt mir wie ein Kind.

Namasté

Vorurteilslos schaut das unendliche Wesen
aus den Augen eines Kindes dich an.
Alles liegt darin verborgen.
Freude und Trauer
Leid und Glück
Liebe und Schmerz
Schönheit und Hässlichkeit
Wahrheit und Weisheit.
Die ganze Evolution ist darin aufgezeichnet.

Diese kleinen Wesen
kaum einen Meter groß
laufen voll Vertrauen
und offenen Herzens
mit ihren kleinen Füßen
auf das Unbekannte im Leben zu.
Ihre warmen Händchen
strecken sie dir entgegen
um zu berühren und zu begreifen
was da vor ihnen steht.

Willst du Gott schauen
schau in die Augen dieser Kleinen
denn sie spiegeln Sein Gesicht.
Die Begegnung mit Ihm ist unmittelbar
und trifft dich
in deines Herzens Mitte.

Leben

Das Ich bin, der/die ich bin
das alles durchdringt
und alles durchströmt
ist die Urquelle, die Lebenskraft
das Leben selbst.

Es ist die Kraft des Namenlosen
des All-Bewusstseins
des einen Gottes
außer dem es keinen gibt
die alles umfasst.

Außerhalb dieser Kraft
gibt es nichts was existiert.
Deshalb ist alles Leben
Ausdruck dieses E i n e n
ein Aspekt von ihm.

Aus diesem All-Bewusstsein
treten wir in die Schöpfung
ausgestattet mit der Anlage
von drei Qualitäten

des Willens
der Liebe
der Weisheit

um
das Leben
in Erfahrung zu bringen.

Die Willensfreiheit
die Fähigkeit zu lieben
und die Erkenntnisfähigkeit
wohnen
jedem Menschen
inne.

Der Körper ist das Gefäß
für diese Lebenskraft
auf der materiellen Ebene
in Zeit und Raum.

Diese Lebenskraft nimmt sich
sozusagen den Körper
als Gewand für die Reise
durch die Zeit
auf der Erde.

Da Leben
auf dieses ewige Sein
ausgespannt ist
ist der Tod eine Illusion.

Die letzte Offenbarung

O Menschheit
verblendet und verstört
im letzten Taumel
du alles zerstörst
hast du nicht vernommen
die Kunde
für deines Herzens Wunde.

Es bedarf
keines großen Propheten mehr
1.000 mal
ist geoffenbart alles
seither.

In der Essenz
jedes Glaubensbekenntnisses
wirst du es finden
könntest du
nur
deine Trägheit
überwinden.

Der Mensch
gefangen
in der Materie zu Hauf
Gott selbst
gibt dennoch nicht auf.

Jedes Menschenherz
ist ein Tabernakel
wo Gott wohnt
ohne Makel.

In dein Herz
pflanzte er seine Stimme
höre auf sie
bevor die Zeit zerrinne.

Er ist dir näher
als jeder Prophet.
Das Zwiegespräch
nennt man
Gebet.

Wenn einst die Materie bricht
Er
in deinem Herzen spricht
„I c h bin deine Wahrheit"
Gnade ereile dich
und erlöse dein Ego-Ich.

Von Zeit und Begrenzung
befreit
ist deine Seele endlich bereit
zur Einheit in Ihm.

Bahnhofsplatz

Verstehe
ich höre
das Herz pochen
im Rhythmus Worte sagend
Heimkehr.

Seligpreisungen als Wegweisungen

„Selig die Armen im Geiste,
denn ihrer
ist das Himmelreich." [4]

Selig seid ihr
wenn ihr
leer dasteht vor Gott
so kann
euch Gott ganz erfüllen.

„Selig die Barmherzigen,
denn sie
werden Barmherzigkeit erlangen." [4]

Selig seid ihr
wenn ihr
Mitgefühl zu allem Leben habt
denn in allem
west Gott in euch zugleich.

„Selig die reinen Herzens sind,
denn sie
werden Gott schauen." [4]

Selig seid ihr
wenn ihr
euch ganz dem Augenblick hingebt
so werdet
ihr Gott erfahren.

„Selig die Friedensstifter,
denn sie
werden Söhne Gottes heißen." [4]

Selig seid ihr
wenn ihr
aufhört abzuspalten und auszugrenzen
so werdet
ihr euch in Gott selbst erkennen.

Aufbruch

„Ziehe fort aus deinem Land,
aus deiner Verwandtschaft
und aus deinem Vaterhaus,
in das Land,
das ich dir zeigen werde!
… Ich will dich segnen …
Und du sollst ein Segen sein." [5]

Brich auf
aus deinen alten Strukturen
aus dem Bekannten und Vertrauten
aus dem Althergebrachten
ins neue
noch unentdeckte Leben
das ich dir
eröffnen werde.

In der Tiefe deines Wesens
wirst du
mit mir Gemeinschaft haben
und wir werden
Eins sein
zum Segen von Allem.

[5] *Die Bibel, Genesis 12,1-2*

Anrufung

Gott
du hast Gestalt angenommen
als Mensch
hast dich in der Form
entäußert.

Die Form
ist gleichzeitig das Tor zu dir
dem Nicht-Manifesten
im heiligen leeren Raum der Stille
dem Nicht-Beschreibbaren
dem alles Übersteigenden
dem Licht
das alles Dunkle durchstrahlt.

Öffne Du unser Auge
wonach die Seele dürstet
Dich zu schauen
den L e b e n d i g e n
und Friede und Freude
kehrt ein
in unser Herz.
Deine Liebe pulsiert
immerdar.

Universales Mantra-Lied

Zur Wiedervereinigung mit dem ALL-EINEN.

A U E – A I O M

Die heiligen Laute sind die
Trägersubstanz
des allumfassenden
E i n e n.

Ertönt in mir
ihr heiligen Laute
damit die Seele
ihre Flügel ausbreiten kann
um sich aufzuschwingen
zur Verbindung
mit dir
dem
ALL-EINEN.

Lebenssinn

Heiliger
alles umfassender
ewiger Gott

ausgegangen von Dir
hier permanent seiend in Dir
dereinst heimkehrend zu Dir

verwirkliche Du Dich
in mir
und durch mich
damit die Schöpfung
vollendet
werde.

In Deinem Willen
und durch Deine Allmacht
in Deiner Liebe und Zärtlichkeit
in Deiner Weisheit
und durch Deinen heiligen Geist.

Alles geschehe
zum Wohle und zum Heile
allen Lebens
sodass die Trennung
überwunden
werde
hin zur Einheit des Seins.

Schönheit

Auf dem Tisch
stand ein Ranunkel Strauß
mit golden-gelb orangen Blüten.
Die Blütenblätter in Rosetten
samtig, weich und zart.

So oft ich in die Nähe kam
musste ich sie betrachten
von solcher Schönheit waren sie.

Immer tiefer
sank ich ein
mit meinen Augen
in die Herrlichkeit
die mir da entgegenstrahlte
und
ihr Geheimnis
offenbarte
r e i n e s   s e l b s t l o s e s
S e i n.

In diesem Augenblick
vergaß ich mich.
Glückseligkeit
durchströmte mich
von solcher Schönheit
war das Sein.

Honigtropfen

Ich bin die Liebe
die du suchst.

Ich bin du
am Tag
ich bin du
in der Nacht.

Es gibt keinen Unterschied
zwischen uns.
Ich bin das ganze Leben.

Ich bin nicht gebunden
an Ort noch Zeit
denn ich pulsiere
in allem immerdar.

Ich bin genau da wo du stehst
darum suche mich nicht anderswo.
Komm in den Augenblick
da spürst du mich pur.

Ich bin die bedingungslose Liebe
denn
Liebe heißt
pulsierendes Leben.

Urgrund

Im Zwischenraum
weitete sich
unmerklich der Türspalt.

Ich ging hindurch
in den weiten leeren Raum
der Stille.

Da war ich
allein
und lauschte Stille
hinter der Stille
den Urgrund
allen Seins
der da ist
zeitlos - raumlos
absolut.

Unsagbar.

Ungeteiltes Sein

Tiefer als Stille
nur mehr
großes Schweigen.

Kein Raum
keine Zeit
kein Ich
und
kein Gott.

Jenseits von Form
nur Dunkelheit.
Nichts – Nada.

Und doch
eine Präsenz
die nicht benennbar ist.
Nacktes
ungeteiltes Sein.

Liebesglut

Wenn du am Morgen erwachst
um aus heiligem Sein
dich zu erheben
so gleichen der Morgenröte
meine Wangen
ob der Schönheit
von der
dein Angesicht gemacht.

Am Tag verlierst du dich
in 1.000 Aktivitäten
und gedenkst meiner
nicht
trotz des Glanzes
von meinem
Licht
auf deinem Gesicht.

Wenn dann der Abend naht
und sich endlich
Ruhe bahnt
entzünde ich den Himmel
voll Verlangen
um dich doch noch
zu entflammen
mit meiner tiefroten Liebesglut.

Meine Sehnsucht
verzehrt sich
nach dir
so halte ich
auch in der Nacht
Wache bei dir
mit
Silberglanz und Sternenflut.

Wie könnte ich sein
ohne dich
trägst du doch
mein Gesicht.

Ich warte
voller Hingabe
auf den Tag
wo
in einem heiligen Schauer
mein Antlitz
du
zu erkennen
vermagst
denn

Ich bin Du.

Liebe

Liebend
sich naht
dein Herz mir
vergaß in dem Augenblick
mich.

Übergang

„Ich habe dich
bei deinem Namen gerufen,
mein bist du seit Anbeginn.“ [6]

Wir werden vom Schöpfer
nicht
wegen unseren Taten
geliebt
die wir im Leben vollbracht
oder unterlassen haben
sondern
wegen dem
was wir sind
der wahren Natur
unseres Seins.

Vom Sein ins Leben
geboren
sind wir gleich
einem Stern
aus
dem ewigen Licht
hervorgegangen.

So ist mein Sein
sein S e i n.

[6] *Die Bibel, Jesaja 43,1*

Ich bin verbunden
durch alle Zeiten
und kann voll Vertrauen
dem Ruf folgen
heim
ins Eins-Sein.

Was hätte
ich
je vermocht nur
anzustellen
wo deine Liebe
mich nicht umfasst.

Wie könntest
du
mich nicht
in deine Arme schließen wollen
wo du
mich Selbst
als Ganzes bist
und nichts von mir
mehr
übrigbleibt
nur
S e i n.

Heimkehr

Jetzt gehe ich heim
heim ins Herz.

Ich lege meine Waffen nieder
und auch die Krone
den Federschmuck
den Speer.

Knie mich nieder in Demut
und begrüße den Weg.
Ich gehe barfuß
Spiralen förmig nach Innen.

Ich bin voller Wehmut und Sehnsucht
weil ich solange draußen unterwegs war.

Jetzt zieht es mich heim
heim zu Gott
meine wahre große Liebe
meine erste Liebe.

Ich danke euch
ihr meine Begleiter
auf dem Weg
zu meinem Herzen.

Ich liebe euch.
Euch schenke ich mein Herz
meine Liebe
die jetzt da ist
grenzenlos
und allumfassend.

Ich weine
es sind Tränen der Erfülltheit
des Loslassens
des Fallenlassens in diese Mitte
diese Liebe
diese Weichheit und Zärtlichkeit.

Jetzt gehe ich heim.

Friede

Wer in seine Mitte
gefunden hat
bei sich
Selbst
angekommen ist
hat
Frieden.

Seine Seele
ruht in Gott
seinem Schöpfer.
Dessen Suche ist beendet.

Er läuft
keinem Guru
mehr hinterher
denn er trägt das All in sich.

Menschen
in diesem Zustand
der inneren
Befriedung
der Seligkeit
und des Frieden Gottes
wirken wie ein Orgon-Strahler
auf ihre Umgebung.

Einheit des Lebens

Was streiten sich die Menschen
wer Recht hat und
wer die Wahrheit besitzt
wüssten sie doch
dass es nur Dich gibt
Dich
den E i n e n
und aus jedem Antlitz
Du
entgegenschaust
und
jeder Mensch
Teil der Wahrheit ist.

Friede
würde entstehen
zwischen den Menschen
würden sie
hinter den Religionen
und durch
die heiligen Schriften hindurch
Dich erkennen
Dich den E i n e n
den Lebendigen
der den Odem
allen Menschen schenkt.

Wenn wir Menschen
dereinst
das Gewand
den Körper
ablegen
bleibst nur
Du
Du der E i n e
von dem
wir alle
Glieder sind
in gleicher Weise
keiner mehr
und keiner weniger.

Leben
ist Geschenk
das
kein Mensch
sich verdienen kann.

Es gibt nur
die Hingabe
das Fallenlassen
in Gott zurück
den Urgrund allen Seins.

Segenswünsche

Heiliger Gott
ich bitte
um Segen und Gnade
für all jene
Wesen und Menschen
die du mir anvertraut hast
und mit denen
ich in Verbindung bin
vor allem für jene
die deiner zur Zeit
am meisten bedürfen.

Durchflute und durchströme
du sie alle
mit deinem Segen
und deiner Gnade
damit sie dich erkennen
und heil werden in dir .

Hülle sie ein
in den Schutzmantel
deiner Liebe
damit sie
den Weg des Lichtes
gehen dürfen
heim zu dir.

Geborgenheit

Als wir beim Abschied
uns umarmten
und du noch ein paar Worte
zu mir sagtest
nahm ich deren Inhalt
nicht mehr wahr
da mein Ohr
an deiner Brust
schon
einem anderen Ruf
folgte.

Unvermittelt sank ich ein
ins Bodenlose
immer tiefer
bis zum Grunde.

Im Grunde dort
da bin ich
heimgekommen.

Ein Elixier der Geborgenheit
drang in
alle meine Zellen.
Zuhause
das ich bisher so nicht kannte.

Kein noch so schöner
sexueller Akt
hat mich je
selbst wiederfinden lassen
in diesem
heimatlichen Grunde.

Obwohl die Umarmung
nur von kurzer Dauer war
war sie dennoch
endlos
zeitlos – ewig.

Als ich danach
den Glanz in deinen Augen sah
wusste ich
wir haben
den Himmel berührt.

Selbst
zu einem Stück Himmel
geworden
ging ich von dannen
glückselig
ein Lächeln
in meinem Gesicht.

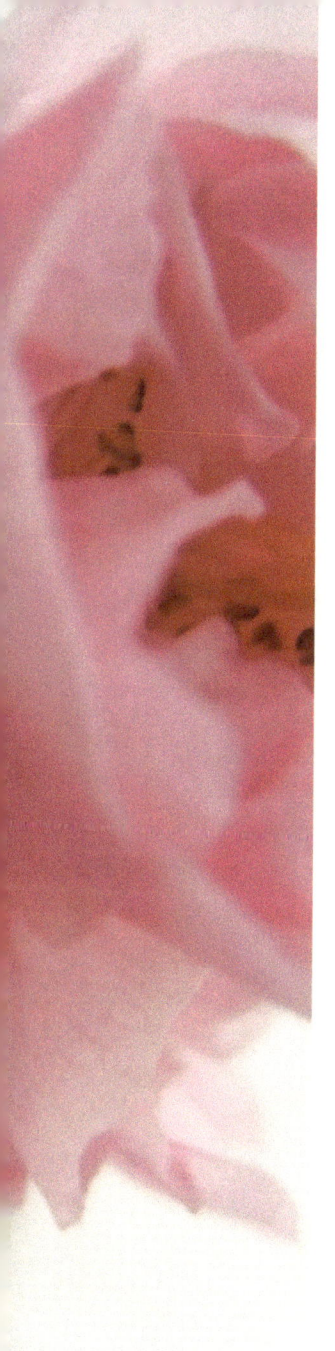

Auferstehung

Mit offenen Augen
die Wunder
und
Schönheiten
täglich
mit dem Herzen schauen.

Auf-blühen
in jedem
bewussten Augenblick.
Auf-erstehen
aus
den eigenen inneren
Gräbern.

Sich einlassen
ins lebendige Spüren.
Dankbarkeit
dem Leben gegenüber.

Reine Daseinsfreude.

Anhang

Bibelzitate
Sämtliche im Text enthaltenen Bibelzitate:
Die Bibel, Herder Verlag, 1968, 4. Auflage

Symbolverständnis zum Evolutionszyklus
- Licht: Das Göttliche, Ursprung.
- Dunkler Berg: Materie, Erde.
- Kreise: Energiezentren, Erd-Chakras.
- Lichtgestalt 3-faltig: Gottessohn, Avatar.
- Pyramide: Symbol für den sich entwickelnden Menschen.
- Bergkristallspitzen: klare Erkenntnisse.
- Gestalten in weißen Gewändern:
  Engel, Helferwesen, die schon viele Inkarnationen durchschritten haben und ans Ziel gelangt sind.
- Lichtgestalt in 3 Kreisen:
  Gottesschau, Einheit, Vollendung.

Bildlegende

Alle Fotos, wenn nicht anders angegeben,
wurden fotografiert von Irmtraud Kühnel, Rankweil.

Danksagung

Danken möchte ich meiner Tochter **Vera Fechtig**, die mir in liebevoller Weise geholfen hat, das Buch in Form zu bringen, das in 2 Etappen entstanden ist.

Vor gut 10 Jahren gab ich es mit dem Titel „Reise nach Innen – Weg des Herzens" **Regina Kreké** zum Übersetzen ins Englische, was sie mit viel Engagement machte. Danke! Dadurch konnte ich es auch anderssprechenden Menschen geben, denen ich persönlich begegnet bin, wie **Pater Henri Boulad**, Jesuit, Vortragsreisender weltweit, sowie **Reshad Feild**, spiritueller Lehrer der Sufi-Tradition. Ich traf auch **Pater Willigis Jäger**, Benediktiner, Lehrer von Zen, Kontemplation und integraler Spiritualität. Sie alle haben einen Gastkommentar verfasst, wofür ich herzlich Danke sage!

Die Zeit war jedoch noch nicht gekommen das Werk zu veröffentlichen. Jahre später begegnete ich **Peter-Johannes Hensel**, Astro-Polarity-Lehrer und langjähriger Zen-Praktizierender. Er ermutigte mich, der Wirklichkeit Form zu verleihen in Gestalt eines Buches. Ihm danke ich von ganzem Herzen! Ich updatete das ursprüngliche Manuskript, ergänzte es mit weiteren Texten und gab ihm ein neues Gewand.

Danken möchte ich ebenso den vielen Menschen, denen ich auf meinem Weg begegnet bin. Durch sie konnte ich dem Geheimnis des Lebens stets näher kommen, es erspüren und tiefer ergründen.

Über die Autorin

Irmtraud Stefanie Kühnel
Jahrgang 1951, geboren in Thüringerberg, einem kleinen Bergdorf in Vorarlberg / Österreich. Sie besuchte die Klosterschule Sacré Coeur in Bregenz und studierte nach der Matura Sozialpädagogik in München. Anschließend machte sie Zusatzausbildungen in den Bereichen Kunsttherapie, Lebensberatung, AstroPolarity-Lehre und Heilung. Nach der Familienzeit arbeitete sie viele Jahre in der ambulanten Psychiatrie sowie freiberuflich in ihrer Energiebalance-Praxis.

Kontakt zur Autorin
per E-Mail unter i.kuehnel@gmx.at

Zeitfracht Medien GmbH
Ferdinand-Jühlke-Straße 7
99095 Erfurt, Deutschland
produktsicherheit@kolibri360.de